BEI GRIN MACHT SICH IHR WISSEN BEZAHLT

- Wir veröffentlichen Ihre Hausarbeit,
  Bachelor- und Masterarbeit

- Ihr eigenes eBook und Buch -
  weltweit in allen wichtigen Shops

- Verdienen Sie an jedem Verkauf

Jetzt bei www.GRIN.com hochladen und kostenlos publizieren

Axel Schulze

Vergleich von Goethes "Gefunden" und "Heidenröslein"

GRIN Verlag

Bibliografische Information der Deutschen Nationalbibliothek:

Die Deutsche Bibliothek verzeichnet diese Publikation in der Deutschen National-
bibliografie; detaillierte bibliografische Daten sind im Internet über http://dnb.d-
nb.de/ abrufbar.

Impressum:

Copyright © 2009 GRIN Verlag GmbH
Druck und Bindung: Books on Demand GmbH, Norderstedt Germany
ISBN: 978-3-656-45463-2

Dieses Buch bei GRIN:

http://www.grin.com/de/e-book/208396/vergleich-von-goethes-gefunden-und-hei-
denroeslein

GRIN - Your knowledge has value

Der GRIN Verlag publiziert seit 1998 wissenschaftliche Arbeiten von Studenten, Hochschullehrern und anderen Akademikern als eBook und gedrucktes Buch. Die Verlagswebsite www.grin.com ist die ideale Plattform zur Veröffentlichung von Hausarbeiten, Abschlussarbeiten, wissenschaftlichen Aufsätzen, Dissertationen und Fachbüchern.

Besuchen Sie uns im Internet:

http://www.grin.com/

http://www.facebook.com/grincom

http://www.twitter.com/grin_com

Essay zu:

Goethes „Gefunden" als Gegentext zum „Heidenröslein"

von: Axel Schulze

Dass bei Goethes Liebeslyrik ein individuell-privates Erleben des Dichters zumindest den poeti-
schen Ausgangspunkt bildet,[1] während in der barocken Dichtkunst beispielsweise eine objektive
Wahrheit dem subjektiven Empfinden stets vorgezogen wird und die Lieder der Hohen Minne Rein-
mars oder Walthers schlichtweg eine zum Ideal stilisierte „fróuwe" im Rahmen einer Aufführungssi-
tuation propagieren, scheint eine Gegebenheit, die das rege fachwissenschaftliche Assoziieren von
Goetheschen Gedichten wie dem „Heidenröslein" und „Gefunden" mit realen Liebschaften geradezu anheizt.

Und natürlich lassen sich die beiden letztgenannten Poetikerzeugnisse leicht auf zunächst recht
ähnliche Situationen im Leben des Künstlers beziehen: Aus der Begegnung mit Friederike Brion im
elsässischen Sessenheim entstehen 1771 die „Sesenheimer Lieder", unter denen sich eine frühe
ge- bzw. erfundene Version desjenigen Fabelliedchens befindet,[2] dessen einzige durch Goethe be-
vollmächtigte Fassung von 1789 stammt[3] – auf die Beziehung zu Christiane Vulpius, die dem Uns-
teten just in dem Jahr einen Sohn schenken soll, als er noch einmal über das „Röslein" nachsinnt,
spielt das „Verslein" an, das in seiner ursprünglichen Variante und noch ohne Titel der „Frau von
Goethe" im Brief vom 26.08.1813 mitgeteilt wurde.[4] Obwohl jene zwei Erzeugnisse privatim ein
Stückchen Wirklichkeit unter Verwendung derselben Motivik und Metaphorik verarbeiten, gilt das
Gelegenheitsgedicht der Allgemeinheit aber nun gerade als Gegentext zum „Heidenröslein".[5]
Warum auch nicht? Immerhin wechselt schon die Metrik bei „Gefunden" fast antithetisch den Vers-
fuß – vom Trochäus zum Jambus nämlich – und zeigt eben nicht diese kleine Unsauberkeit, aus
der die Brisanz des vermeintlichen Kindertons erwächst.[6] Gleichfalls neutralisiert wirkt das „Blüm-
chen" (V. 6). Zwar unterstützt auch hier das Diminutiv den Eindruck derjenigen Augenschönheit (V.
7), die im „Röslein" hyperbolisch anstatt vergleichend ausgedrückt wird (V. 4), jedoch fehlt die kon-
krete Blumen- und Farbmetaphorik, wodurch dem Text jegliches erotische Moment abgeht. Wie-
wohl die Deflorationsformel – das Walthersche „bluomen brechen" –[7] in beiden Gedichten das Au-
genmerk auf sich zieht, ist „Gefunden" keine textimmanente Inszenierung eines Verbrechens, da
die männliche Rolle, die hinter dem lyrischen Ich aufscheint, ihren festen Vorsatz nicht qua physi-
scher Gewalt durchsetzt (V. 8), sondern das Abbrechen bestenfalls erwägt (V. 9), um sich sogleich
eines Besseren belehren zu lassen. Hat deren Äquivalent im „Heidenröslein" aufgrund ungezähm-
ter Jugend noch wenig Sinn für Naturschönheiten (V. 15), so sieht Bormann im Spaziergänger zu-
recht den Gestus des schlendernden Bürgers apostrophiert,[8] der bis zum Fund schier absichtslos

---

1 Für Petruschke beispielsweise ist dieser Gedanke ein zentrales Arbeitsergebnis des unterrichtsinternen Vergleiches
von Weckherlin und Goethe. Vgl. Petruschke 1984, S. 127. Auch Lamping betont das Subjektive innerhalb Goethescher
Lyrik, obwohl der Künstler selbst in „Maximen und Reflexionen" ironischerweise Objektivität als höchste Stufe der Kunst
ansehe. S. 117. Gerade die späteren Varianten des „Heidenrösleins" und von „Gefunden" sind als Schritte zur Objektivie-
rung der Aussage zu verstehen, da bei beiden Gedichten der sehr persönliche Abschlussvers geändert wurde.
2 Peter von Matt thematisiert den ungeklärten Status dieses mutmaßlichen Volksliedes, während Alexander von Bormann Paul Schede als Quelle ins Feld führt und Mathias Mayer auf eine Beziehung zu Paul von Aelsts Œuvre insistiert.
Vgl. Matt, In: Reich-Ranicki 1992, S. 48.; Vgl. Bormann, In: Otto / Witte 1996, S. 265.; Vgl. Mayer 2009, S. 47.
3 Vgl. Sauder, In: Otto / Witte 1996, S. 127.
4 Vgl. Bormann, In: Otto / Witte 1996, S. 264.
5 Vgl. Bormann, In: Otto / Witte 1996, S. 265.
6 Die hier verglichenen Textvarianten sind die bereits angesprochene autorisierte Fassung des „Heidenrösleins" (1798)
und „Gefunden", wie es in der Ausgabe letzter Hand (1827) zu finden ist.
7 Vgl. Vogelweide, In: Schweikle 1998, S. 228 (L 39,16) / 278 (L 74,20).
8 Vgl. Bormann, In: Otto / Witte 1996, S. 266.

umherwandelt (V. 1-4) respektive beim Rekurs des Blümchens auf die Konsequenzen eines Bruches – dem Welken (V. 11), das an der Stelle unzweifelhaft auf die sozialen Implikationen einer, um den Terminus Bormanns zu bemühen, derartigen Gretchen-Tragödie verweist –[9] insoweit Gnade walten lässt, als dass er ein Verpflanzen dem Abknicken vorzieht. Im Akt des Umtopfens offenbart sich dann vollends die bürgerliche Attitüde: Denn das Schattengewächs (V. 5) wird lediglich aus dem gesellschaftsfernen Ort, der aber niemals die pastourelleske Qualität der Heide innehat (V. 2),[10] an das kulturnähere hübsche Haus (V. 16) verbracht, damit es dort an einem gleichwertigen Platz schattiger Stille dahinexistieren darf (V. 15 / 18). Die Natursphäre Rousseaus bleibt jenem Wesen bewahrt, dessen Aufgabe qua Geschlecht einzig darin zu bestehen scheint, das Leben fernab der lauten Stadt ein Fünkchen angenehmer zu machen.[11]

Dass die Integration in den gesellschaftlichen Kontext allenfalls eine partielle und trotz aufgedrückter Innigkeit (V. 19 / 20) tragische ist, macht besonders das Fehlen des schon bei Walther ziemlich augenfälligen „vingerlîns" deutlich.[12] Fängt das Gelegenheitsgedicht den Beginn des Goethe-Vulpius-Verhältnisses ein, so artikuliert das ausbleibende Ringlein geradezu das Schicksal jenes Blümchens, das sehr lange „Goethes tüchtige Gartengefährtin"[13] war, bevor es sich seine Frau nennen durfte.

9 Vgl. Bormann, In: Otto / Witte 1996, S. 266.
10 Schon in Walthers „Under der linden" ist die Heide der Inbegriff der gesellschaftsfernen Sphäre. Vgl. Vogelweide, In: Schweikle 1998, S. 228 (L 39,11).
11 Vgl. Ehrich-Haefeli, In: Jaumann 1994, S. 129.
12 Beginnend mit Walther von der Vogelweides „Herzeliebez frouwelîn" bis hin zu Adelbert von Chamissos Liedern gilt das Ringlein als Symbol der Treue, aber auch als unmissverständliches Zeichen der bürgerlichen Ehe. Vgl. Vogelweide, In: Schweikle 1998, S. 286 (L 49,25).; Vgl. Bormann, In: Otto / Witte 1996, S. 266.
13 Bormann zitiert dies unter Rekurs auf „Die Metamorphose der Pflanzen" (1799). Vgl. Bormann, In: Otto / Witte 1996, S. 265.

Literaturverzeichnis:

Primärliteratur:

- Goethe, Johann Wolfgang von: Goethes Werke. Vollständige Ausgabe letzter Hand. Bd. 1. Gotta`sche Buchhandlung 1827.

Sekundärliteratur:

- Bormann, Alexander von: Gefunden. In: Goethe-Handbuch. Bd. 1. Gedichte. Hg. v. Regine Otto und Bernd Witte. Metzler 1996, S. 265-266.

- Ehrich-Haefeli, Verena: Rousseaus Sophie und ihre deutschen Schwestern. Zur Entstehung der bürgerlichen Geschlechterideologie. In: Rousseau in Deutschland. Neue Beiträge zur Erforschung seiner Rezeption. Hg. v. Herbert Jaumann. De Gruyter 1994, S. 115-163.

- Lamping, Dieter: Das lyrische Gedicht. Definitionen zur Theorie und Geschichte der Gattung. 3. Aufl. Vandenhoeck und Ruprecht 2000.

- Matt, Peter von: Heidenröslein. Diese unheimlichen Diminutive. In: Johann Wolfgang von Goethe. Verweile doch. 111 Gedichte mit Interpretationen. Hg. v. Marcel Reich-Ranicki. Insel Taschenbuch 1992, S. 48-49.

- Mayer, Mathias: Natur und Reflexionen. Studien zu Goethes Lyrik. Vittorio Klostermann 2009.

- Petruschke, Adelheid: Stundenblätter Lyrik von der Klassik bis zur Moderne. Sekundarstufe II. Klett 1984.

- Sauder, Gerhard: Heidenröslein. In: Goethe-Handbuch. Bd. 1. Gedichte. Hg. v. Regine Otto und Bernd Witte. Metzler 1996, S. 127-132.

- Vogelweide, Walther von der: Werke. Band 2: Liedlyrik. Hg. v. Günther Schweikle. Reclam 1998.